O Buda ensinou a não violência, não o pacifismo

PAUL R. FLEISCHMAN, M.D.

Pariyatti Press

Pariyatti Press

uma impressão de
Pariyatti Publishing
www.pariyatti.org

Traduzido por Vipassana Brasil - 2023

ISBN: 978-1-68172-573-4 (softcover)
ISBN: 978-1-68172-574-1 (ePub)
ISBN: 978-1-68172-575-8 (Mobi)
ISBN: 978-1-68172-576-5 (PDF)

Sumário

O Buda ensinou a não violência, não o pacifismo

Após os atentados terroristas do 11 de setembro em 2001, eu me peguei refletindo sobre a não violência, suas contribuições, seus limites e seu lugar nos ensinamentos do Buda. Também me surpreendi ao ouvir muitos dos meus conhecidos confundindo, nos ensinamentos do Buda, não violência com pacifismo. Ao confundirem essa diferença, eles acabam rejeitando a não violência de uma forma desesperadamente ingênua e inadvertidamente destrutiva, ou abraçando grupos politizados do pacifismo que imaginam, incorretamente, ser o que o Buda ensinou.

O Buda não tinha a intenção de criar um partido político ou religião, ou uma filosofia da sociedade. Historicamente, ele viveu antes da era da teorização organizada e sistemática sobre a coletividade humana. Ele se dirigia enquanto indivíduo a outros indivíduos. Até quando ele falava para grandes grupos, como frequentemente fez, focava na responsabilidade individual. Entendeu cada grupo, como por exemplo o estado democrático que existia na Índia do seu tempo, como se apoiando no insight, na consciência e nas ações de cada um dos seus participantes. Ele era desprovido de teoria ou crença em estruturas subsequentes, coletivas, de sociedade ou governo, capazes de ratificar ou substituir a base fundamental da escolha individual.

Mais do que um teólogo ou um pensador de sistemas, o Buda foi um libertador, um praticante e professor espiritualmente realizado que ensinava o caminho para *nibbāna*, para se libertar do ódio, da ilusão e do medo. Seu objetivo era ajudar o maior número possível de seres a viver em equanimidade, harmonia e bondade amorosa. Ele era contra todos os sistemas de crenças, uma posição que confundia muitos de seus contemporâneos e que, ainda hoje, confunde as pessoas que querem entender qual é o ismo, qual a filosofia, que ele propunha. Muitas pessoas ainda anseiam por encontrar em suas palavras algum fundamentalismo budista com o qual possam ancorar convicções ideológicas e segurança contra a agitação da vida.

O Dhamma, ou caminho para a libertação, do qual Buda foi porta-voz, não é uma ideia; é um modo de conduta e um modo de vida que leva à realização pessoal. Seu objetivo é libertar seus praticantes das autoridades e ideologias, não de forma anárquica ou caprichosa, mas através de treinamento, aprofundando suas experiências pessoais sobre a natureza de seu verdadeiro eu e suas implicações éticas. É através destas experiências cultivadas a longo prazo e gradualmente aprofundadas que o Buda conduziu seus seguidores à autonomia das ideias, filosofias, escrituras, até mesmo de si mesmo. Suas clássicas analogias se concentraram na experiência tangível e direta. Como quem retira uma flecha envenenada, o estudante de Dhamma experimentará alívio da dor. Como aquele que come alimentos nutritivos, o estudante de Dhamma conhecerá o sabor da libertação. Estas experiências diretas dos significados e valores da vida são os ensinamentos de Buda. Assim como o Buda nunca fez, muitos praticantes do Dhamma não se autodenominam budistas.

Mas a moralidade é o primeiro passo no caminho que o Buda ensinou. Por que a moral recebe tanta atenção no início de um caminho não ideológico e empírico?

Para ver-se, conhecer-se, experimentar a própria natureza verdadeira, é preciso concentrar a observação repetidamente, continuamente, como uma prática para toda a vida, em quem se realmente é. Este estilo de vida de autoconsciência, meditação e observação requer mente aberta, daí a ênfase de Buda em nos libertarmos de crenças rígidas, mas o caminho também requer paciência, calma e integridade. Para fazer das observações conscientes de si mesma um modo de vida, a pessoa precisa de uma mente firme e focada. Isto só pode ser obtido quando a honestidade, a harmonia, a modéstia e a sinceridade já foram assimiladas. Por esse motivo, sempre que Buda ensinava Dhamma, começava com os cinco preceitos morais: não roubar, não mentir, não usar intoxicantes, não cometer má conduta sexual e não matar. A não violência é um pré-requisito e o primeiro passo dos ensinamentos de Buda. Aparece não como uma crença, mas como uma necessidade prática para o caminho consciente e intencional do Dhamma. Inicialmente, para um aluno do Buda, a não violência é uma necessidade psicológica para o autodesenvolvimento.

Entretanto, esta introdução utilitária e pessoal à não violência como um preceito moral é apenas a camada superficial dos ensinamentos de Buda. Continuando a fugir da ideologia ou filosofia, a orientação de Buda foi em direção a experiências que aprofundam o discernimento. Os estudantes são levados a um ponto em que vêem a si próprios com clareza através da prática da meditação. O que acontece então, com o preceito moral da não violência, quando eles levam um modo de vida que os orienta a encontrar a transitoriedade da existência pessoal, a insubstancialidade de nós mesmos, de nossas percepções, de nossos pontos de vista, de nossa história, de nosso mundo? Existe algum valor ou significado da não violência para os seres pequenos, temporários, nascidos de causas passadas, destinados a viver brevemente e depois morrer, um agregado passageiro de mente e matéria cintilando por um momento nos vastos corredores do tempo sem fim?

Quando um estudante do Buda amadurece no caminho, ele ou ela se abre para novas perspectivas e a mente se torna mais capaz de ver vários pontos de vista simultaneamente. O caminho ensinado pelo Buda é uma realização que se aprofunda, sem se reduzir à doutrina. A apreensão experiencial da não violência substitui a mera adesão moral a ela. Na profundidade da realização da impermanência pessoal, certas verdades tornam-se evidentes por si mesmas. Todas as coisas são impermanentes; todos os seres são transitórios; todos os seres sofrem as experiências comuns de perda, decadência e morte. Enquanto cada pessoa, planta ou animal tem suas próprias causas, suas próprias sementes, que os levaram à existência, todos compartilham o vínculo do nascimento e da morte. Em última análise, a não violência é um reconhecimento do simples fato de que a qualidade da vida equivale à qualidade de nossos pensamentos e sentimentos de momento a momento e a inimizade, o ódio e a violência nunca melhoram nosso estado de espírito. Da mesma forma que um homem não iria arder de raiva contra o seu próprio corpo, também não iria se prejudicar simplesmente se entregando à pura violência. Libertação significa não violência. O caminho de Buda começa com a aceitação comportamental dos votos de não matar, mas culmina em uma identificação com a não violência como a essência do que liberta a mente e o coração do ódio, do medo e da ilusão de autopromoção. Todos temem a morte. Ao comparar os outros consigo mesmo, não se deve matar nem causar a morte. A não violência é a essência do que o Buda ensinou. A não violência é libertadora porque, em cada momento em que ela preenche nossa mente, nesses momentos a mente sente compaixão, identificação e empatia com outros seres.

Para Buda, a não violência é um preceito que permite a viagem para expressar o seu próprio sentido raiz. Inicialmente, o estudante obedece ao preceito da não violência. Eventualmente, ele ou ela vem a encarnar a não violência como um tom de qualidade de vida prezado.

II

Aqui estão duas diferenças fundamentais entre a não violência, como ensinada por Buda, e o pacifismo. Primeiro, Buda não ensinou filosofia social e política; e segundo, ele ensinou um caminho de vida, não uma ideologia genérica. Guiando cada indivíduo interessado a percorrer o caminho, Buda encorajou uma mente pura que busca o mínimo dano. Ele reconheceu diferentes níveis de desenvolvimento da personalidade, diferentes papéis e obrigações sociais, diferentes responsabilidades e necessidades que competem a diferentes indivíduos, de acordo com sua história e escolhas. O Buda ensinou as pessoas de acordo com seu *kamma*. [Sânscrito: karma].

Como membro da casta guerreira, o Buda manteve relações cordiais com os reis. Numerosos sutras (discursos) no cânone páli registram suas conversas com os reis Pasenadi e Bimbisara. Fugindo do envolvimento político, Buda nunca aconselhou seus alunos reais a converter seus reinos em democracias, apesar do fato de que muitos estados locais eram, de fato, repúblicas sem reis. Embora tenhamos registro de inúmeros discursos que o Buda proferiu na presença de, ou mesmo diretamente à realeza, ele nunca os aconselhou a abandonar a administração legal com suas concomitantes consequências e punições por crimes, nem a abandonar a guerra e a proteção de seu estado. Em uma conversa pungente que ocorreu quando tanto Buda quanto o rei Pasenadi tinham oitenta anos, o rei elogia Buda, seus ensinamentos e a conduta de seus seguidores, ao mesmo tempo em que se descreve como um guerreiro-rei ungido, capaz de ter executado aqueles que deveriam ser executados. O rei comenta com ironia que apesar de seu poder o povo sempre o interrompe, enquanto os estudantes de Buda escutam atentamente sem qualquer punição ou arma. E o rei admira a ordem social em torno de Buda, onde os meditadores desfrutam da concórdia mesclando-se como leite e água e contemplando os outros com olhos bondosos.

...Não vejo em nenhum outro lugar uma assembleia tão harmoniosa.

Após a partida do rei, o Buda comenta com os praticantes ao seu redor que as ideias do rei eram monumentos ao Dhamma que deveriam ser aprendidos e lembrados como fundamentos da vida santa. Esta passagem esclarece que o Buda não condenou nem mesmo repreendeu o rei por ele cumprir os deveres da realeza, com todas as suas terríveis responsabilidades.

Uma janela semelhante para a interpretação inicial e antiga dos ensinamentos de Buda vem do rei Ashoka, que viveu várias centenas de anos depois do Buda. Ashoka é creditado como sendo o maior rei budista tanto na extensão de sua influência quanto na profundidade de sua compreensão de Dhamma, e ele foi responsável pelos famosos decretos esculpidos na rocha que constituem os mais antigos documentos escritos indianos a terem sobrevivido. Essas passagens sábias e humanas, que implicam um nível de conduta civilizada ao qual a humanidade ainda aspira, elogiam virtudes tais como o auto-exame e a tolerância religiosa. Elas são baseadas em Dhamma, o caminho universal para a libertação, e nunca mencionam Buda ou budismo. Proibindo explicitamente o sacrifício animal (que era o principal ritual religioso antes da época de Buda), os decretos elogiam a não nocividade, mas sem chegar à rigidez do absolutismo: não ferir os seres vivos é bom. A conversão de Ashoka ao Dhamma o levou a abandonar a conquista militar (à qual ele já dedicara uma boa parte da vida) e a afirmar que a conquista por Dhamma é a única verdadeira conquista. Mas, segundo um historiador fidedigno, ele não renunciou à guerra, nunca abandonou exércitos e evitou o pacifismo desastroso, mantendo a opção da pena de morte. Não há razão para imaginar que Buda jamais tenha encorajado aqueles de seus alunos que exerciam funções administrativas a promoverem uma anulação anárquica da função governamental.

Em um breve discurso, Buda é desafiado por um general que afirma que Dhamma é mera passividade. O

Buda responde que ele ensina a inatividade com relação a coisas prejudiciais e a atividade através de uma boa conduta nas ações, palavras e pensamentos. Não há mais nenhuma posição genérica tomada quanto a governo, guerra ou o *kamma* dos generais. O que constitui uma boa conduta é deixado a critério do general. O Buda deu o princípio, não os detalhes das infinitas variedades de interpretação e aplicação.

A inter-relação entre *kamma*, escolha de papéis e guerra é ilustrada na história da Índia. Um antigo historiador grego chamado Megasthenes chegou à Índia como embaixador e viajou extensivamente, registrando suas observações em aproximadamente 300 a.C. após a morte de Buda, mas antes mesmo do reinado de Dhamma sob Ashoka, enquanto a influência de Buda ainda permanecia forte na civilização do norte da Índia. Megasthenes descreve dois exércitos lutando enquanto agricultores lavram nas proximidades em perfeita segurança. Que diferença das guerras por ocasião da invasão da Índia por Mahmud de Ghazni c.1000 d.C., nas quais o invasor se orgulhava de massacrar 50.000 civis em um dia e queimar sua civilização até a extinção. As crônicas de Mahmud gabavam-se da extensão da destruição dos templos, edifícios e toda a infra-estrutura, numa conquista para obliterar o vencido. Várias centenas de anos depois, Muhammad de Ghor atacou o norte da Índia, deixando cenas de devastação e massacre. Tudo o que era sagrado na religião ou celebrado na arte foi destruído por um culturicídio que eliminou os últimos raios dos ensinamentos de Buda no norte da Índia. Isto foi semelhante ao fervor por extermínio que acompanhou a dominação europeia das

Américas, ou o genocídio nazista. Claramente, a guerra não foi eliminada do berço dos ensinamentos de Buda, mas, sob a penumbra de sua presença, desenvolveu uma delimitação temporária e uma restrição estranha à maioria das outras civilizações.

O sr. S. N. Goenka, um professor contemporâneo de Dhamma que tenta manter o ensinamento puro, sem acrescentar nem eliminar nada do caminho de Buda, não vê conflito algum no ensino de Dhamma a policiais ou a membros do exército. Seu propósito não é induzi-los a deixar seus empregos, mas encorajar os funcionários governamentais a cumprir suas funções com mais humanidade, com firmeza e sem sentimentos de ódio ou vingança. O soldado que também começa a abraçar Dhamma tem o objetivo de se tornar um defensor da justiça, não um assassino contratado.

Da mesma forma, homens que alcançaram postos de alta autoridade governamental, mas que tentam viver a vida de Dhamma, como U Nu da Birmânia, têm se pronunciado sobre a necessidade de se determinar habilmente a diferença entre o absolutismo moral e a flexibilidade exigida pelas múltiplas funções dos governos modernos. Isto inclui a avaliação de quando e onde não matar poderia, na realidade, ser uma forma de violência implícita, ecoando o ponto de vista de Gandhi.

Nada disso, entretanto, justifica o ódio ou a violência a serviço de objetivos ou ganhos pessoais. Para o funcionário governamental que, por exemplo, enquanto soldado, deve matar, o Buda faz implicitamente duas perguntas. A primeira é: Você é capaz de executar esta tarefa como defensor da segurança e da justiça, concentrado no amor àqueles que você protege e não no ódio por aqueles que você deve matar? Se você está agindo por vingança ou com prazer na destruição, então você não é de modo algum um estudante de Dhamma. Mas se seu trabalho árduo pode ser feito com base em uma mente pura, embora você claramente não esteja vivendo a vida de uma pessoa iluminada, você ainda será capaz de começar a trilhar o caminho em direção à harmonia e à compaixão. A ética de Buda claramente permite a diferenciação entre as ações dos soldados Aliados lutando para libertar Auschwitz e outras fábricas de morte no final da Segunda Guerra Mundial e as ações de assassinos em massa.

No entanto, os ensinamentos de Buda contêm uma segunda pergunta para os soldados, a polícia e para todos nós: Você está preparado para avançar mais além no caminho da pureza mental e da iluminação?

III

Fundamental para os ensinamentos de Buda é o conceito de vontade ou *kamma*. Nossa qualidade de vida é um produto de nossas escolhas.

Toda grande escolha na vida implica em compromissos, limitações e consequências. Embora nenhuma consequência seja permanente, porque a libertação de todo *kamma* é possível, embora possa levar vidas, mesmo milhões delas, um homem que aceita o papel de rei ou que se torna um soldado também aceita as responsabilidades inerentes à função. Ele pode ser um bom rei e melhorar seu próprio destino, pois proporciona segurança e justiça a seus súditos, e pode meditar e assim dar passos no Caminho de Dhamma, mas não pode reivindicar as isenções e privilégios de um *bhikkhu*. Implicitamente, o

Buda pede a todos nós que examinemos nossa posição fundamental na vida, nossas escolhas mais profundas.

O termo *bhikkhu* tem sido frequentemente traduzido por monge, e há numerosas passagens no cânone páli onde esse é o significado provável; mas no Dhammapada o Buda definiu *bhikkhu* como um estudante comprometido com o Dhamma, com uma prática vitalícia de preceitos morais, meditação e o cultivo da pureza. Buda incluiu claramente leigos sérios e comprometidos em suas palestras a *bhikkhus*. No Dhammapada, *bhikkhu* é definido como não relacionado com as formas externas de aparência ou com a filiação a uma ordem religiosa particular. Mesmo um nobre bem vestido montando um elefante (o símbolo máximo de riqueza e autoridade) é um *bhikkhu* se ele vive em paz, medita, cultiva a pureza da mente e deixa de lado a vara erguida contra todos os seres vivos.

Segundo Buda, um estudante comprometido com seu caminho, um *bhikkhu*, por definição pratica a não violência, mas aqueles que não escolheram este papel podem, ou devem, cumprir outros papéis sociais e seguir outros preceitos. O ensinamento de Buda pede a todos nós que consideremos se estamos maduros para assumir as responsabilidades e os limites impostos à vida de um praticante comprometido de Dhamma.

Portanto, embora o Buda nunca tenha dirigido um sermão ao seu antigo aluno rei Pasenadi sugerindo abandonasse seu trono, quando o rei idoso sentiu a morte se aproximando, ele concluiu, com a ajuda do questionamento do Buda, que "não há espaço ou utilidade para batalhas quando o envelhecimento ou a morte estão se aproximando... o que mais posso fazer a não ser caminhar em Dhamma?" Portanto, escolhas diferentes são apropriadas para pessoas diferentes e para fases diferentes da vida da mesma pessoa. O Buda respeitou e fez amizade com o rei Pasenadi enquanto ele permaneceu rei, e o rei espelhou esse respeito mútuo e perseverou como aluno do Buda enquanto continuava com prerrogativas e problemas da realeza. Isso até o rei, baseado em sua própria percepção e vontade, amadurecer para um novo nível de compromisso com Dhamma e com a não violência.

Foi aos meditadores sérios que são praticantes comprometidos de preceitos morais, meditação diária e uma mente purificada que o Buda deu sua orientação impressionante, frequentemente citada, sobre a não violência: "Mesmo que bandidos o esquartejassem brutalmente, membro por membro, com um serrote duplo, quem por esse motivo abrigasse ódio em seu coração não seria um seguidor de meus ensinamentos". Por favor, observe que esta famosa passagem não exclui uma autodefesa hábil e vigorosa que seja livre de ódio.

Bandidos e terroristas agem movidos por dor deformante. Tal mente cheia de veneno atormentador evoca nossa compaixão, embora não a nossa permissão. Mesmo estando conscientes de sua doença, podemos deter o bandido com força. Um estudante que estava imerso em um curso de meditação de dez dias quando ocorreu o 11 de setembro de 2001, relatou, ao emergir dias depois de seu retiro: "Não sei por quê, mas a primeira coisa que me passou pela cabeça quando soube, foi sentir pena das pessoas que fizeram aquilo".

Meditadores comprometidos são definidos não apenas por suas práticas sérias de meditação e não violência, mas também falam sabiamente e explicam o significado de Dhamma. Isto descreve um aspecto expressivo, explicativo, educativo, para caminhar no mundo e ensinar Dhamma.

O meditador sincero não só é não violento, como também é testemunha do potencial não violento na vida diária. Da mesma forma que vimos anteriormente, como o Buda aconselhou o general, isto expressa a atividade pela via do bem. Pelo exemplo e pela fala, o meditador comprometido busca o mínimo dano para todos os seres em todas as situações. Por outro lado, este praticante vitalício do Dhamma não se promove como um líder político. Seu testemunho é pessoal, exemplar e público, mas não busca o poder nem a autopromoção. Dois critérios-chave que Buda impôs a si mesmo e a seus seguidores foram: nunca falar para obter vantagens mundanas e nunca se referir a si mesmo.

De acordo com as posturas que assumimos, diferentes relações com a não violência evoluem. A meditadora determinada purifica sua mente para que toda violência se torne impossível, mas ela não condena automaticamente o servidor do governo que procura com diligência assegurar a justiça enquanto defende a sociedade contra a violência, e que, por isso, ocasionalmente precisa recorrer ao uso da força. Quando perguntado se um juiz deveria rejeitar a pena capital, o sr. Goenka respondeu que o juiz deveria manter suas funções judiciais legítimas, ao mesmo tempo em que trabalha para a eliminação da pena capital a longo prazo.

Dhamma não é uma ideologia, mas um conjunto de ferramentas para avaliar as próprias vontades, responsabilidades, sentimentos e comportamentos, a fim de alinhá-los com a não violência de acordo com as próprias habilidades e capacidades. Como grupo, os praticantes sérios do Dhamma formam um conjunto voluntário de testemunhas dedicadas e não violentas que formam um lastro para a sociedade reativa ao seu redor. Os ensinamentos de Buda sobre a não violência para meditadores sérios fazem deles, devidamente definidos, o que o Registro de Serviço Seletivo Americano chama de opositores conscienciosos da guerra.

IV

Freud ecoou a sabedoria convencional quando escreveu que a civilização consiste em uma boa conduta, apesar das tendências inconscientes da mente humana. O Buda desviou-se da convenção quando insistiu que a mente, e não a conduta, era o verdadeiro alvo da transformação. Para ele, a não violência é uma regra essencial, o culminar de um modo de vida meditativo, um produto de escolha e posição individual e um modo de ser ininterrupto e não-situacional. Aqui temos outra diferença fundamental entre a posição não violenta de Buda e o pacifismo: a não violência é contínua, um esforço generalizado e cotidiano. Antes e depois de qualquer guerra, antes e depois de episódios de violência, o estudante de Dhamma, o meditador comprometido, vive a vida de não violência para com seus amigos, conhecidos, animais, árvores e alimentos. Ele até se abstém de ferir sementes ou plantas.

Uma estudante de Dhamma busca sempre o mínimo dano. Na verdade, como cirurgiã, ela pode ter que incisar o corpo de seu paciente, ou como policial prender o assaltante armado, ou como professora disciplinar o aluno indisciplinado. Realisticamente, na ambígua aspereza da vida e do discurso público do leigo, o estudante de Dhamma pode precisar tomar decisões difíceis, tomar posições impopulares e, até mesmo, proferir sentenças pouco agradáveis. Ele ou ela será chamado também a reconhecer a complexidade e ambiguidade que repousa sobre os ombros daqueles que se posicionaram para tomar decisões em um mundo de tumulto e sofrimento. Mas a pessoa sinceramente devotada ao Dhamma entende que o objetivo de cada momento é gerar empatia e compaixão para minimizar a raiva e o ódio. Esta dupla camada é parte integrante dos ensinamentos de Buda: gerar simultaneamente uma conduta habilidosa e altamente benéfica, além de sentimentos de identificação afiliados e não repressivos para com as pessoas com as quais se tem que lidar. A não violência é apenas a camada superficial de um coração de amor e compaixão. Poucas pessoas honestas podem dizer que não sentem nada além disso, mas, para o estudante do caminho de Buda, para o praticante de Dhamma, um coração puro é o objetivo de cada momento, não importa quantos milhares de vezes os sentimentos reais da pessoa estejam distantes desse ideal. Devido a este foco na vontade, Dhamma desperta seus praticantes para avaliar continuamente seu próprio estado de espírito, e não apenas para agir. O que parece ser uma nobre restrição à represália pode ser apenas medo ou táticas imediatistas. O que parece ser uma forte defesa de pessoas impotentes pode ser apenas uma agressão para aumentar o próprio ego. O foco principal de Buda na intenção lhe permite considerar um papel adequado para a força benigna, como o dr. Olendzski demonstrou em sua análise da discussão de Buda sobre como um pai deve agir se uma criança pequena estiver engasgando com uma pedrinha. Neste caso, até mesmo derramar sangue poderia ser compassivo. A não violência tem espaço para ações fortes cujas origens são, na sua base, motivadas por preocupação e cuidados. Da mesma forma, a permissão passiva e tolerante da violência não é Dhamma. Vimos como o Buda garantiu ao general que o Dhamma não é inatividade. Também vimos como se pronunciar em nome do Dhamma é parte da definição de um meditador comprometido. Se alguém entende realmente que qualidades positivas de coração e mente constituem o caminho para a iluminação, e que o maior bem-estar para todos os seres é uma vida de harmonia e paz, então permitir que outra pessoa perpetue o dano sem gerar consequências não seria não violência.

Para o discípulo comprometido com o caminho de Buda, é essencial não apenas abster-se de matar, mas também abster-se de encorajar outros a matar. O Buda abordou este problema em relação ao vegetarianismo, onde o conselho de aceitar qualquer alimento que lhe seja dado às vezes contradiz a recomendação de não matar ou fazer com que os animais sejam mortos. A conclusão para este problema foi: nunca se deve comer carne de um animal morto intencionalmente para alimentar você, pois isto estaria encorajando outros a matar; mas se a carne já está presente em alimentos não preparados especificamente para você, mas que agora lhe são oferecidos, deve-se simplesmente aceitar a oferenda. Este exemplo curioso demonstra tanto a seriedade da preocupação de não induzir outros a matar quanto o pragmatismo e a flexibilidade com que foi interpretado. Como isto se aplicaria aos seguidores de Buda que encorajam a polícia, ou o exército, a proteger a ordem civil? Eles não estariam encorajando outros a matar em seu nome? Por outro lado, se o praticante de Dhamma aceita, permite ou facilita a violência passivamente, isto não estaria encorajando o perpetrador violento em seu curso destrutivo e descendente?

O caminho de não violência de Buda nos orienta a empreender um minucioso exame pessoal em lugar de buscar uma resposta fácil. Tomando a meditação sistemática como nossa ferramenta mais penetrante, devemos decidir como evitar matar e como ser porta-vozes do Dhamma, nem violentos nem passivos. Na medida em que alguém tenha se retirado de estilos de vida de força como o serviço militar e na medida em que Dhamma tenha se tornado um modo de vida comprometido, então, a resposta de Buda, por discurso e exemplo, é clara. O Buda promoveu a não violência espalhando o Dhamma em sua plenitude, não por meio de atividade política ou por uma questão isolada. Através de um estilo de vida exemplar, através da autocontenção, através da explicação verbal, o seguidor de Buda age em nome do bem.

O registro histórico no cânone páli descreve o Buda como tendo encontrado um caminho intermediário entre o envolvimento em questões políticas específicas, coisa que ele nunca fez, e a aceitação cúmplice da injustiça que ele também tentou evitar. Nunca foi um crítico direto de governos ou políticas específicas, mas foi assertivo e direto no ensino de Dhamma, o modo de vida.

Como cidadão preocupado, envolvido e imparcial, o Buda foi proativamente expressivo. Ele se concentrou na confirmação profunda e completa do potencial humano supremo, ao invés de se concentrar na conveniência. Ele desafiou declarações não comprovadas e especulações impraticáveis. Em particular, ele criticou o Eternalismo, que defende a existência de uma essência ou alma eterna em um universo eterno. Ele repreendeu especificamente a oração passiva. Ele nunca recorreu a subterfúgios calculistas para atrair um eleitorado. Ele nunca evitava afirmar aquilo que sabia e, o que ousava enfatizar, é o que ninguém sabe (como ou o quê "criou o universo"). Ele nunca reagiu aos sistemas de crenças etnocêntricas ou nacionalistas de outras pessoas a fim de forjar alianças. Ele esvaziou com argumentos penetrantes as falácias da intervenção divina, ou do cinismo hedonista, em desafio verbal direto. O Buda simultaneamente enfatizou que o Dhamma não se destina a criticar ou refutar outros em disputas, mas também não é uma aceitação de qualquer dogma sobre o Eu ou o universo. Ele disse que seu Ensinamento serve para a remoção de todos os fatores que fundamentam os preconceitos, obsessões, dogmas e ideias preconcebidas.

Em última análise, aquele que pratica a fala correta é descrito pelo Buda: "Assim ele vive, como alguém que une aqueles que estão divididos... um pacificador, um amante da paz... um orador de palavras que trazem a paz. O discurso correto tem cinco marcas: é oportuno, verdadeiro, gentil, objetivo e bondoso". Enquanto o Buda é descrito como participando de apresentações públicas de seu Dhamma empírico e sem dogmas, e, assim, discordando das práticas ou tradições de outras pessoas, ele nunca o fez com um fervor oposicionista e de conversão. Ele não levantou a entusiasmada bandeira profética da religião carismática. Ele expressou sua ética não violenta, mas não fez campanha por ela. Seu tom, tema e estilo eram uniformes.

Em certa ocasião, um rei enviou seu emissário para pedir conselhos ao Buda. O emissário do rei foi claro: o rei pretendia aniquilar e destruir totalmente o país livre e democrático dos Vajjis. O que Buda pensava? Em vez de responder diretamente, o Buda se voltou para seu discípulo Ananda e indagou sobre o estado de coisas entre os Vajjis, estabelecendo se eles continuavam a seguir os ensinamentos que o Buda lhes havia dado anteriormente para assegurar seu crescimento como povo. Este ensinamento consistia de sete condições, cuja essência era a criação de uma sociedade conservadora, reverencial, coerente, que se agrupasse pacificamente, com regularidade e que respeitasse as mulheres e os mais velhos. Reconhecendo a vitalidade e a força dos Vajjis, o emissário do rei genocida volta à capital com o conselho de não atacá-los. Embora possa haver algumas esperanças idealistas não concretizadas nesta profecia, pois em breve todas as repúblicas democráticas da Índia foram destruídas por reinos, o incidente nos revela os estilos e crenças de Buda. Ele se absteve de se envolver politicamente e concentrou sua atenção em princípios e não em especificidades, baseando a segurança social na harmonia, no discurso, nas regras tradicionais, no envolvimento civil, e nas assembleias frequentes e pacíficas. O Buda, por analogia, aplicou então estas mesmas sete diretrizes à comunidade de *bhikkhus* (cujas relações harmoniosas o rei Pasenadi havia considerado tão notáveis) para sua longevidade e prosperidade, resultado positivo ainda dando frutos após milhares de anos.

V

A difusão do ensinamento do Buda ocorreu em um país agrário onde as notícias se espalhavam de boca em boca. Seu ensinamento enfatizava a perspectiva, a compreensão de como tendemos a enfatizar demais a nós mesmos, nosso tempo, nosso lugar e nossas sensações pessoais. O Dhamma que ele expôs é uma tentativa de ser realista, de ver as coisas em suas verdadeiras proporções e de ativar, na prática, a não violência.

Hoje vivemos no centro de múltiplas esferas de atenção. O Buda nunca abordou muitas das questões sociais que nos são diariamente impostas. A tentativa de encontrar orientação conjuntural de Buda para nossos enigmas pessoais constitui um mau uso de seus ensinamentos, tornando o Budismo uma ideologia em vez de Dhamma, que é uma experiência pessoal, orientada e para toda a vida. Ao encarar a violência do 11 de setembro de 2001, os praticantes do Dhamma não podem escapar para livros onde o Buda lhes dirá em que acreditar. Na tentativa de aplicar atitudes não violentas, surgirão perguntas e não doutrinas.

Quais são as dimensões e os contextos do terrorismo? Como estas se comparam a outras forças de destruição que não recebem a atenção da mídia? Os milhares de mortes do World Trade Center merecem a mesma atenção que as 30.000 pessoas que morrem nos Estados unidos a cada ano por atos suicidas de terrorismo pessoal, o que recebe pouca atenção? Como estas mortes se comparam à estimativa de 300.000 mortes por ano nos Estados Unidos associadas às complicações evitáveis da obesidade? E quanto aos aproximadamente 50.000 que morrem anualmente em acidentes automobilísticos violentos? Será que a violência contra o meio ambiente eliminará, eventualmente, a vida humana por completo?

O que é liberdade religiosa? Nos Estados Unidos, a liberdade religiosa é limitada: os membros da Igreja de Jesus Cristo dos Santos dos Últimos Dias (Mórmons) não foram autorizados a praticar a poligamia sancionada religiosamente. Quais outras crenças e práticas religiosas poderiam ser incompatíveis com a dignidade das pessoas ou com os direitos de outras pessoas? A guerra santa canonicamente obrigatória contra outras religiões é uma doutrina com a qual a democracia pode coexistir? A violência implacável e gigantesca associada à religião organizada é intrínseca a ela? Estaremos em negação quanto aos perigos da fé cega, da mesma maneira como certos países africanos e asiáticos negam a epidemia de AIDS, o que está fazendo com que os seus cidadãos continuem a morrer de uma doença evitável? O pacifismo religioso de Gandhi em 1947 terá sido um dos muitos componentes responsáveis pela violência que acompanhou a divisão da Índia e do Paquistão, quando ocorreu o mais fatal massacre espontâneo não-militar na história mundial?

Será que atos terroristas individuais são essencialmente diferentes de terrorismo coletivo, uma cultura de terrorismo? Depois dos assassinatos da Columbine High School no Colorado, dezenas de milhares não dançaram de alegria em Islamabad, Jacarta e Gaza. Isso mudaria a natureza fundamental da resposta não violenta ao massacre político versus um massacre terrorista pessoal?

Se eles estão tão zangados conosco, deve haver uma razão. A vítima de estupro seria, portanto, a culpada do estupro? Esta lógica de culpar a vítima de estupro se aplica aos campos de estupro sérvios na guerra da Bósnia, ou às garotas de conforto escravizadas pelos militares japoneses na Segunda Guerra Mundial? Terá a força militar que acabou sendo exercida contra essas torturas sexuais em massa sido, em si, uma violência, ou um reparo humanitário da violência? Se a política externa americana é culpada pelos atentados de 11 de setembro, isso também não seria culpar a vítima? Será que os povos nativos norte-americanos sofreram o que mereciam, com base na política externa que adotaram em relação aos invasores europeus nas Américas?

Onde a responsabilidade se cruza com a cumplicidade? Se testemunhas da não violência se opõem à resposta militar ao terrorismo de massa porque isso levará a mais mortes, será que também são contra a corporação policial continuar a existir, já que a tentativa de capturar criminosos também pode levar a mais mortes? Por outro lado, se a resposta militar às vezes é considerada aceitável, onde ou quando o ciclo de violência auto-justificadora irá aumentar para além de qualquer tipo de controle? Por intermédio de quais critérios universais e não auto-enganadores poderá a violência ser considerada aceitável?

O erro do espectador é a violência ou a não violência? Quando nações vizinhas permitiram que Hitler liquidasse judeus e Stalin eliminasse comunidades étnicas inteiras, o fato de terem inicialmente evitado entrar em guerra foi um ato de paz ou violência? Quando os Estados Unidos usaram os exemplos da Segunda Guerra Mundial para lançar campanhas de bombardeio na Bósnia e depois em Kosovo, isso teria sido uma ação policial compassiva ou uma escalada de violência? Deveriam os estados do

Norte ter cortado relações com os sulistas escravistas na América nos Estados Unidos do século XIX, evitando assim a espantosa morte de meio milhão de pessoas durante a Guerra Civil, mas às custas da perpetuação da escravidão? Se alguns reféns a bordo de aeronaves atacassem seus sequestradores, causando suas próprias mortes e as de todos os outros no avião no desastre subsequente, deveríamos condenar a violência de sua ação ou admirar sua bravura por evitar o que teria sido uma carnificina muito maior no final?

Não podemos querer que o Buda responda a estas perguntas. Mas seus seguidores comprometidos, defensores incansáveis da não violência, estão obrigados a evitar propaganda em massa, intimidação politicamente correta e simplificações sentimentais. A não violência não é uma fé cega em soluções fantasiosas, mas preocupação ponderada, cuidadosa, eficaz e sincera buscando colher contribuições não violentas dentre as complexidades crescentes da existência social humana.

VI

Agora vemos os ensinamentos de Buda sobre a não violência como uma peneira, através da qual seus alunos filtram as partículas da realidade. Na medida em que se está comprometido com o caminho, tudo deve ser passado através desta peneira, que exige de nós o exame de nossas escolhas, nossas motivações, os papéis que escolhemos desempenhar, nossas ações e nossas omissões. Em resposta a um evento como, por exemplo, os ataques terroristas de 11 de setembro de 2001, diferentes seguidores genuínos do caminho de Buda podem se ver chegando a posições diferentes, porque cada um deles está trabalhando com um espelho de autoconsciência e não com uma formulação política. Um praticante de Dhamma poderá ver a força como o melhor método para salvar o maior número de vidas; outro pode ver a força como uma vingança mal orientada. No entanto, na complexa série de ações que se seguiram [ao ataque] a força pode, de fato, ter funcionado tanto como salvaguarda contra mais destruição quanto como uma retaliação vingativa. Para todos os praticantes do Dhamma, porém, as questões centrais são as mesmas: como posso, dada minha posição, minhas habilidades, meu desenvolvimento e minhas falhas, melhor expressar a não violência em meus desejos, palavras e ações? A ética de um meditador comprometido brota de toda uma vida na prática do auto-exame. Na falta de uma relação fixa com o Estado ou com o governo, o praticante de Dhamma pode mover-se entre cooperação, distanciamento, presença e correção.

Mesmo com o exemplo expressivo da vida do Buda e seus discursos lúcidos, o Dhamma não é fácil de apreender porque não está em conformidade com sistemas de pensamento ou conceitos pré-concebidos. Embora enfatize a ação correta na sociedade, difere da política ou do trabalho social focados em temas específicos. Embora enfatize a não violência, difere do pacifismo. É um ensinamento sistemático que coloca a não violência na pedra angular de sua fundação, mas não está alinhado com qualquer governo, movimento ou religião. É passível de ser conhecido apenas como um modo de vida embutido em uma visão meditativa. É frequentemente descrito como uma ausência mais do que uma presença, uma ausência de ódio, má vontade e ilusão, uma ausência de pontos de vista e crenças. É um afastamento da obsessão por si mesmo que constitui a raiz do sofrimento.

O Buda nunca afirmou que poderia trazer a paz ao mundo inteiro. As escalas de tempo narcisistas das escrituras pré-científicas do Ocidente nunca lhe ocorreram. Ele viu que os seres sofredores são ilimitados no tempo e no espaço. O Buda nos fala a partir de sua posição dentro de um universo sem fim, no qual nossas lutas atuais pela paz não são triunfantes, mas eternas. Ao mesmo tempo, ele também rejeita o derrotismo ou o cinismo e promete o seguinte: um caminho prático para reduzir o sofrimento, o qual inclui uma generosa doação de si mesmo aos outros.

A não violência, tal como ensinada por Buda, era dirigida a cada interação em cada momento, mas não era um mito reconfortante com o objetivo de negar verdades inescapáveis. Dhamma é um longo caminho, um caminho a ser percorrido a pé, completado apenas por poucos, e não uma saída fantasiosa para evitar as exigências da condição humana. Não há soluções globais nem mesmo insinuadas em nenhum lugar da difusão do Dhamma por parte do Buda. Seus seguidores praticam a não violência porque isso serve como uma âncora para firmá-los na plena atenção e na compaixão, expressa e reforça sua própria purificação mental, constrói identificação com outros seres humanos, animais, até mesmo sementes; e por ser a constatação mais valorizada por eles: a mente é a que mais importa. O cultivo do amor, da paz e da harmonia é sempre o único significado irrefutável sem doutrina que as pessoas podem experimentar.

O ensinamento de Buda sobrevive na experiência de aqueles que praticam o caminho que ele descreveu e não na preservação verbal de suas palavras. Em sua palestra frequentemente citada dirigida aos povos independentes de *Kālāmma*, ele soa o que hoje chamamos de temperamento moderno, enfatizando a autoridade suprema da realização pessoal, acima daquela dos escritos. De fato, os textos antigos de vinte e cinco séculos atrás fazem parte de contextos ecoantes e distantes. No entanto, verdades eternas brilham dentro da velha base rochosa. Elas não contêm, em lugar algum, o pensamento mágico auto-inflamado que confunde um desejo de paz mundial com o próprio prenúncio da paz. Em vez disso, essas verdades enfatizam um estilo de vida disciplinado e um contágio através do exemplo. Embora Buda nos exorte a viver a mensagem e não apenas ler as palavras, o cânone páli contém baixo relevo que ilustra um reino de paz duradoura que já existiu e que pode ser ressuscitado a partir do coração de qualquer um que percorra o caminho. Como escreveu Pablo Neruda:

o antigo reino sobrevive a todos nós

Em tempos de guerra e tempos de paz, todos os dias o meditador comprometido habita no amor e na compaixão, irradiados para todos. Para aqueles que estão vivos, ou que já foram, ou que serão; para aqueles que são humanos ou para outros seres vivos; para aqueles que pretendem o bem e para aqueles que pretendem o mal, não se envia consentimento, mas a bondade amorosa.

É através da devoção à não violência como uma bússola que se vê um vislumbre de *nibbana* ao longo do horizonte. Quem iria preferir um coração de ódio a um coração de paz?

A paz é um estado de espírito

*Para um vigésimo primeiro aniversário em
tempos de guerra*

I

Existe uma paz que paira
       além dos limites das palavras
       e da linguagem

Mas se manifesta quando qualquer um
       conduz seus gestos
       com o mesmo carinho
       que dedicaria ao seu filho pequeno.

Há uma paz misturada no vazio
       que envolve toda a matéria.

Ela se materializa em qualquer pessoa
       que observa sua própria mente
       como se fosse sua filha pequena
       cambaleando rumo à porta aberta.

Ninguém pode trazer paz à terra.
       Não se pode forjar a paz como uma
       lâmina nem rachar seu núcleo
       e soltar sua chama radioativa.

A paz chegará quando cessarem os sermões,
       quando os missionários de cada credo
       e de cada plano
       se converterem às verdades simples
       que desafiam todo livro e toda construção.

A paz vai nos maravilhar como o mar no verão
      quando nos desapegarmos
      de religião, nacionalidade, etnicidade,
      ou gênero.

A paz se sente como o dom universal da vida e da morte
      que une todos os seres sencientes.

A paz corre solta do lado de fora dos currais
      da identidade compartimentalizada.

A paz se derramará sobre nós
      como uma coroa de folhas no outono
      nos nossos anos rumo à maturidade;

Nesses dias dourados todos irão meditar
      em tranquilo auto-contentamento
      na aurora e no crepúsculo
      como brilhantes esferas a refletir
      o sol que nasce e desaparece.

O único texto que restará será uma só linha:

"Entenda o que ajuda; abstenha-se de fazer mal;
      purifique sua mente."

II

As antigas gerações da paz pisam com cuidado
      ao longo do caminho do meio
      por entre as dicotomias.

Não usam uniformes nem têm credos; não
      se servem de púlpitos ou da ribalta.

Percorrem longas trilhas superando a timidez,
        evitando aqueles que racionalizam o
        conformismo para obter a paz
        ou aceitação
        como diálogo e concessão.

Quando sopra a tempestade de vento,
        cada folha cai cintilando
        segundo seu próprio destino final.

Os coiotes uivam de noite em grupos;
        as corujas gritam sozinhas.

Nas horas ruidosas dos desastres
        as ondas sonoras e as esquinas se enchem
        de autoproclamados sacerdotes
        e profetas;

Mas existem pegadas antigas
        levando a um caminho de paz
        onde os firmes
        e não influenciáveis anciões
        se apoiam em seus cajados para respirar
        e, depois, retomam
        a inconfundível trilha de faixa única.

III

Nos dias calmos, os camponeses acreditam
        que o calmo fluir das águas
        significa água profunda e limpa.

Aqueles que atentamente observam o rio
        sabem que as forças da destruição
        nunca abandonaram esta terra.

Mentes cheias de cicatrizes continuam a urdir suas
        guerras santas
        nos redemoinhos e correntes
        ainda em movimento,
        e a água é sempre vermelha
        com sedimento e argila.

Não se pode peneirar o rio com ideias.

Não se pode perfurá-lo
        para purificá-lo.

As profundas nascentes de paz que afloram
        nunca são nem conjunturais nem agudas;
        nunca fazem a água ferver.

Despercebidas, se juntam ao rio imenso,
        gotas refrescantes chegando
        de uma colina discreta,

Viajando nos traços de uma espécie em crescimento,
        dotada de uma pureza sem pressa,

Confiando que a água
        em seu elemento básico é pura.

IV

O Buda deu apenas uma prescrição,
        não à guerra, nem ao pacifismo.

Você imaginava o Buda como um interesseiro,
        como alguém que bajula
        o assassino impenitente,
        desse modo endossando
        mais assassinatos?

Você imaginava o Buda como um estrategista,
      formando aliança com tiranos
      para manter a quietude presente,
      aceitando a permissividade inescrupulosa
      como forma de manter a paz?

O Buda dizia o que pensava, ia direto ao assunto,
      nunca mimava, nunca se alinhou,
      nunca mentia para soar
      mais aceitável ou na moda.

Ele reprovava cada visão incorreta.

A paz que ele ensinou consiste em dissipar ativamente
      tanto a própria ilusão quanto a
      daqueles capazes de seguir de modo correto.

Ele aconselhou a não-violência a quem mergulhasse
      no esforço pela vida toda,
      no caminho que tudo abarca..

Ele ensinou um caminho para a vida toda,
      para moldar uma nova humanidade
      a começar por si mesmo
      e a se disseminar por inspirador exemplo.

Ele não preconizou que a humanidade se abstivesse
      diante do demoníaco,
      das jihads e das cruzadas.

Ele não disse que a paz fluiria
      dos apologistas que correm para
      bajular
      açougueiros em pleno abate.

Ele censurou com vigor os Eternalistas que alegavam
        serem as suas opiniões
        recebidas de deuses imaginários.

Em todos os seus discursos aos reis e nobres,
        ele nunca depreciou
        bons juízes e bons generais.

A paz não é uma homilia confortável e
        segura despejada do alto
        sobre as cabeças
        de vítimas angustiadas.

A paz não será atada às nossas canelas neste ano,
        nesta década, nesta era.

A paz é uma vereda muito, muito longa; nossos corpos
        são o seu caminho das pedras;
        nossas mentes são seu jardim,
        cultivado com terra há muito compostada.

Existem fungos que brilham na floresta à noite;

Há pássaros que cruzam todos os meridianos
        à luz do luar;

Existem feixes de luz ocre que banham
        a terra ardente com seu toque reconfortante;

Há pessoas meditando esta noite que barram
        o bombardeio de livros excludentes e
        punitivos
        que vem abalando a arca
        do mundo.

V

Eu repouso minha fé em vocês, mães jovens que
    amamentam seus bebês.

Eu repouso minha fé em vocês, empiristas
    cujo sentido de tempo
    transforma galáxias em
    vagalumes.

Eu repouso minha fé em todos vocês que são científicos
    e racionais,
    que se manifestam com clareza
    sobre os limites da convicção
    e do conhecido.

É através da auto-importância que as pessoas
    se iludem em crenças.

Onde quer que os humanos uivem, uma ideia
    autoproclamada,
    autorreferente,
    fortalece sua noção de quanto valem.

O ódio é o apêndice de uma convicção ideológica.

A paz é um estado de espírito que precede
    qualquer tipo de ideia.

A mente nunca pode encontrar a paz, mas a paz retorna
    à mente desapegada
    como uma criança corre
    para saudar a mãe que volta para casa.

VI

Medite na impermanência de todas as sensações do eu.

Solte o seu eu mesmo cem mil vezes.

Os carvalhos doces do outono vestem tons de escarlate,
    arrojado, ferrugem e carmim,

Mas quem nutre as árvores são as raízes,
        serenas sem estação em solo seguro
        sob os ciclos das folhas
        em renovação.

Medite com amigos, ou sozinho, ou com os mortos,
        ou com os que ainda vão nascer.

Sirva o chá adoçado com mel
        de sua visão amadurecida,
        a todo visitante que chegar à sua cozinha
        escondida.

A paz flui de pessoa a pessoa quando
        vidas inteiras abandonam as ilusões
        para assistir o desdobrar da pura realidade.

Medite na paz que transcende
        até seus próprios mal-entendidos.

Referências

Page

4   *All fear death...*[Todos temem a morte] Dhammapada, 129

5   *... an anointed warrior-king ... fundamentals of the holy life."* [Um rei ungido... fundamentos da vida santa"] Majjhi-ma-nikāya, 89

6   *... the oldest surviving Indian written documents* [os mais antigos documentos escritos indianos sobreviventes] Basham, A.L., The Wonder That Was India, 1954, p. 53

6   *Not to injure ... only true conquest ...* [Não machucar... apenas a verdadeira conquista] Rhys Davids, T.W., Buddhist India, 1903, pp. 294-297

6   *... abjure warfare ...* [abandone a guerra] Keay, J., India: A History, 2000, p. 92

6   *... activity by way of good conduct ...* [atividade por inter-médio de conduta apropriada] Aṅguttara nikāya, Book of Eights, 46

7   *... in perfect security ...* [em perfeita segurança] Keay, p. 94

7   *... scenes of devastation ...* [cenas de devastação] Keay, pp. 209, 213, 238

8   *... men who have risen ...* [homens que tenham ascendido] King, W.L., In the Hope of Nibbāna, 1964, pp. 277-279

9   *... the Buddha defined bhikkhu ...* [O Buda definidiu bhikkhu] Dhammapada, 142 & 362; ver também Dīgha-nikāya, 13

10   *There is no scope or use for battles ...* [Não há alcance ou utilidade para batalhas] Majjhima-nikāya, 21

10   *Even if bandits ...* [Mesmo se bandidos...] 26 Majjhi-ma-nikāya, 26

11   *... speaks wisely ...* [fala com sabedoria] Dhammapada, 363

12   *Two key criteria ...* [Dois critérios-chave]Aṅgut-tara-nikāya, Book of Fives [Livro dos Cinco],12

11   *... holds himself aloof ...* [Mantem-se à parte] Dīgha-nikāya, 13

12   *... how a parent must act ...* [como um parente deve agir]
Olendzki, A., Healing or Harming in Insight, Fall/Winter, 2001. Contém uma discussão baseada no Abhayarāja Kumāra Sutta, Majjhima-nikāya, 58

15   *... chided passive prayer ...* [censurava a oração passiva]
Dīgha-nikāya, 13

15   *... criticizing or refuting ...* [criticando ou refutando]
Majjhima-nikāya, 22

15   *Teaching for the removal ...* ibid.

15   *Thus does he live ...* [Assim ele vive...] Dīgha-nikāya, 13

15   *Well-spoken speech has five marks ...* Aṅguttara-nikāya,
Book of Fives, 17 A fala correta tem cinco marcas...
Aṅguttara-nikāya, Livro dos Cinco, 17

16   *On one occasion ...* Digha-nikāya, 16 Em uma ocasião ...
Dīgha-nikāya, 16

16   *... democratic republics ...destroyed ...* Rhys Davids, pp. 40-41

21   *... talk to the ... Kālāmas ...* Aṅguttara-nikāya, Book
of Threes, 65 Discurso para os Kalamas... Aṅguttara-nikāya, Livros dos Três, 65

22   *... the ancient kingdom ...* Neruda, Pablo, Selected Poems,
trans. Tarn, et al., Boston, 1970, p. 187

24   *Discern what helps ...* [Discernir aquilo que é de ajuda...]
Dhammapada, 183

SOBRE PARIYATTI

Pariyatti se dedica a oferecer de forma acessível os ensinamentos tradicionais do Buda sobre a teoria (*pariyatti*) e a prática (*paṭipatti*) da meditação Vipassana. A 501(c)(3) organização sem fins lucrativos desde 2002, Pariyatti é sustentada por contribuições de indivíduos que apreciam os ensinamentos e querem compartilhar o valor inestimável dos ensinamentos do Dhamma. Convidamos você a visitar www.pariyatti.org para conhecer nossos programas, serviços e outras formas de apoiar tanto nossas publicações quanto outros projetos.

Ações da Pariyatti

Publicações de Pesquisa Vipassana (foco em Vipassana como ensinado por S.N. Goenka na tradição de Sayagyi u Ba Khin)

Edições BPS Pariyatti (títulos selecionados da Sociedade Budista de Publicações, co publicados pela Pariyatti)

Edições MPA Pariyatti (títulos selecionados da Myanmar Pitaka Association, co publicados pela Pariyatti)

Pariyatti Edições Digitais (títulos em áudio e vídeo, incluindo discursos)

Pariyatti Press (títulos clássicos voltados à impressão e à escrita inpsiracional de autores contemporâneos)

Pariyatti enriquece o mundo

- disseminando as palavras do Buda,
- dando substância a jornada do aventurados,
- iluminando o caminho do meditador.